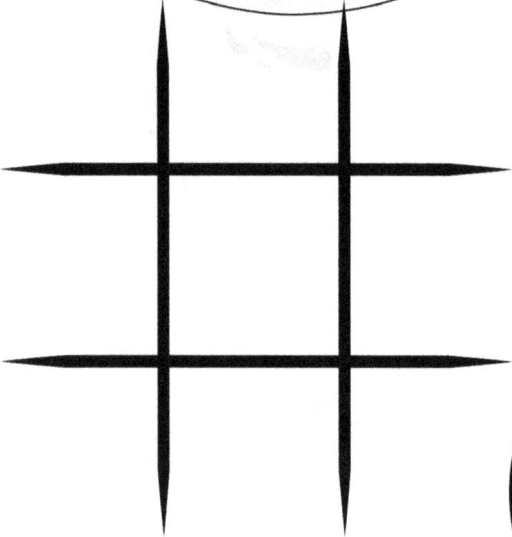
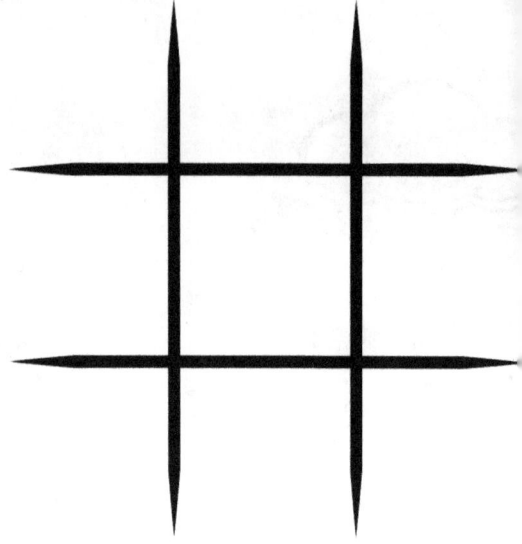

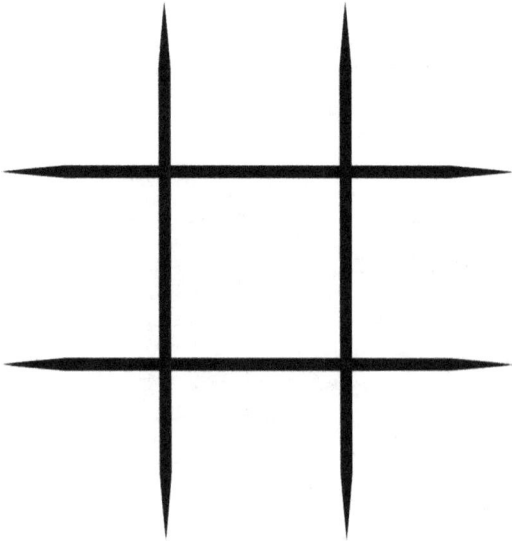

XO
TIC
TAC
TOE
XO

GOD'S LOVE

```
        M J N U                    R D A F
        F P R J U N                V P P D F Q
      D I R Y Z Q C H              C X S Y E P T C
  K W V A M Z K B W F        N W O R H T V Y S A
  B O E Y S D I B J G X U P C T D R J O X R
  C A R E X O C F M L J L K X A O O V R L U
  T U E R Q E R F O R G I V E N G R N O F Y
  N D P E T N W U Y V O C U T N E I D E B O
  M P E M Q J J F L A K T A M D D Z Y F E C
    J N C S E K W H P J X S E B N C S H T
    I T J O N A H B K D G Q S S B D Q U O
      B P V C G Z C M Z R E U C S E R D
      C P H R C T R U S T T G M P M M P
        N I V A K U S W A L L O W E D
        U H L N N M Z C G P F P R
        J S B N O H A Y U B F
          U U V J L Z K I O
          U D O U P V G
            I N E A X
            L L L
              N
```

WORD LIST

CARE	LOVE
FORGIVEN	OBEDIENT
GOD	PRAYER
JONAH	REPENT
RESCUE	SWALLOWED
SEA	THROWN
SHIP	TRUST
STORM	

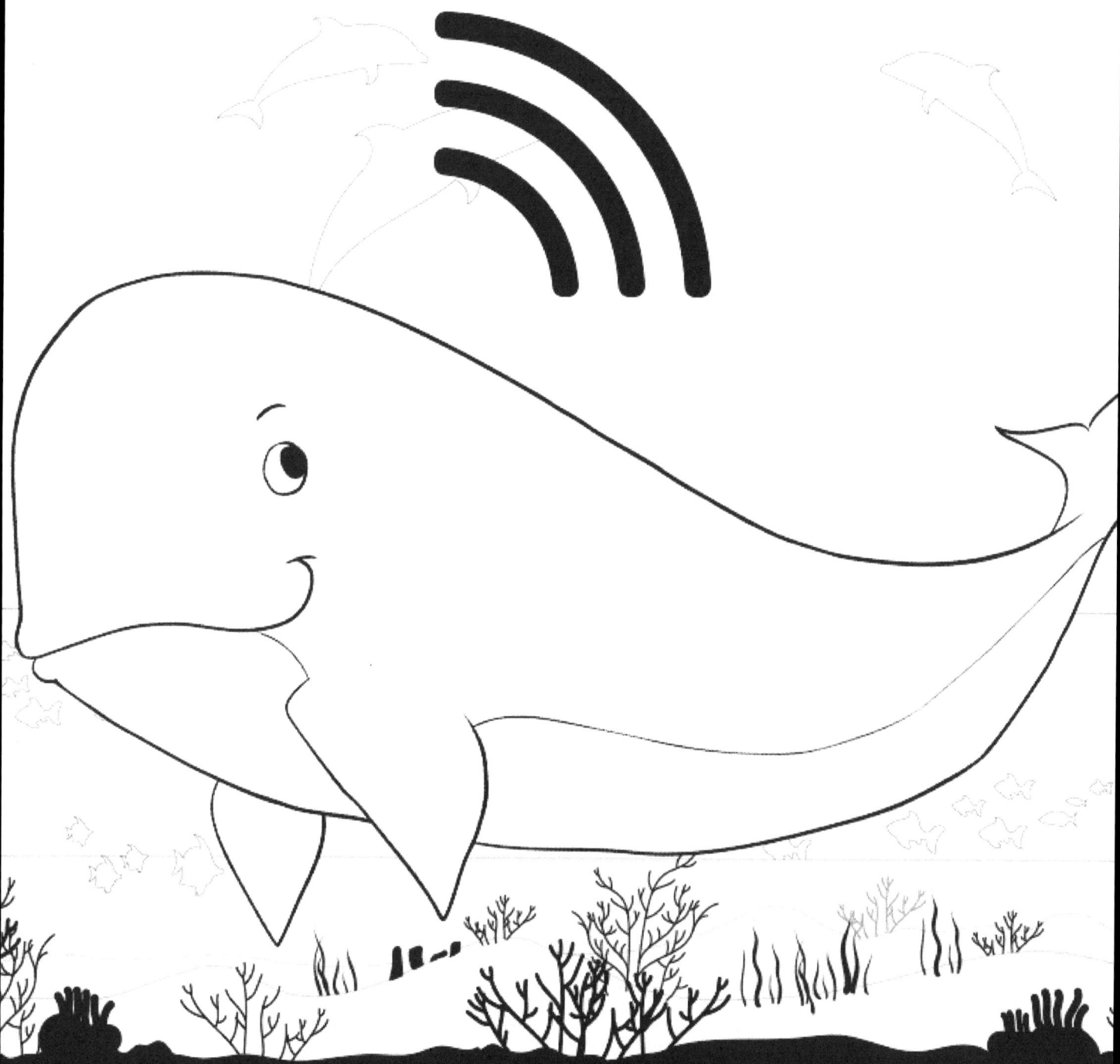

LOVE & FORGIVINESS

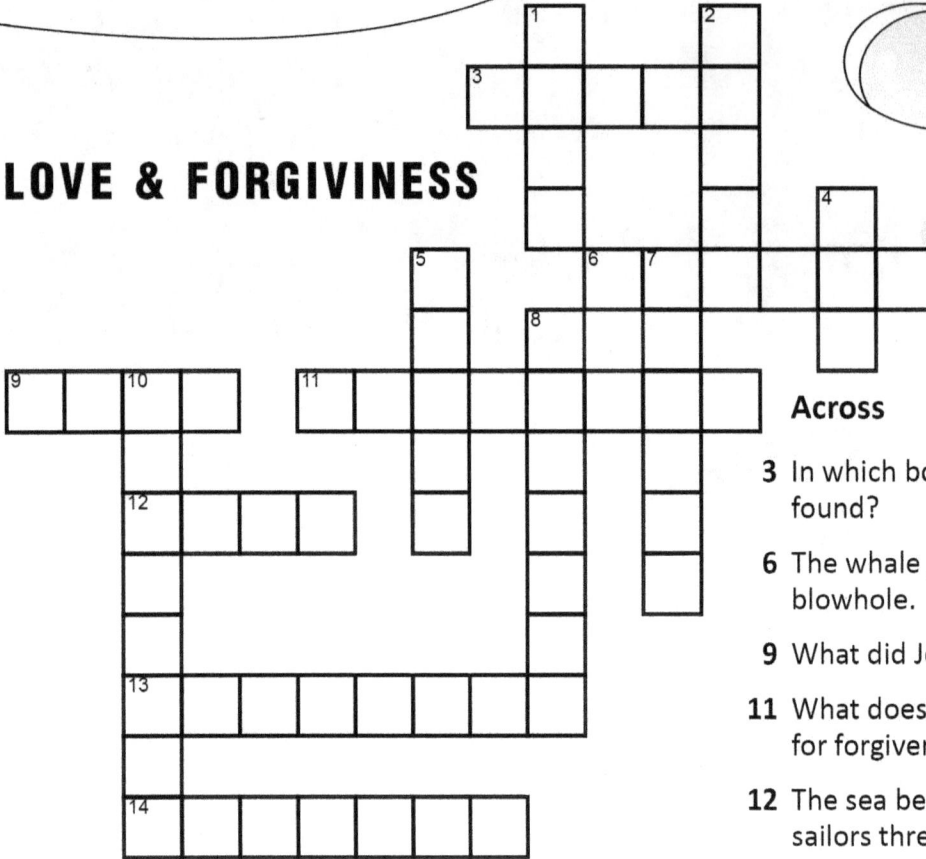

Across

3 In which book in the Bible is the story of Jonah found?

6 The whale _____Jonah out of his blowhole.

9 What did Jonah do when he was inside the fish?

11 What does God do when we are sorry and ask for forgiveness?

12 The sea became _____as soon as the sailors threw Jonah overboard.

13 Where did Jonah plan to go instead?

14 What did Jonah do when God instructed him to go to Nineveh?

Down

1 God is slow to anger and abounding in _____.

2 Jonah was swallowed by a _____.

4 Did God forgive the people of Nineveh?

5 How many days was Jonah inside the whale?

7 What did God want Jonah to do?

8 Where did God instruct Jonah to go?

10 When the people of Nineveh heard God's message, what did they do?

WORD LIST

ACCEPTED	JONAH	PREACH	WHALE
CALM	LOVE	SPEWED	YES
DISOBEY	NINEVEH	TARSHISH	FORGIVES
PRAY	THREE		

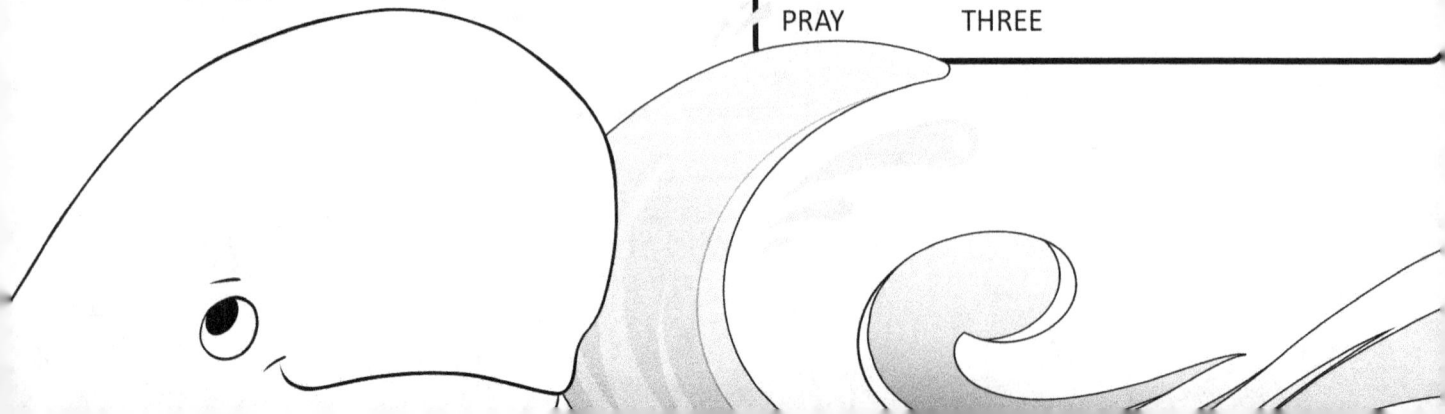

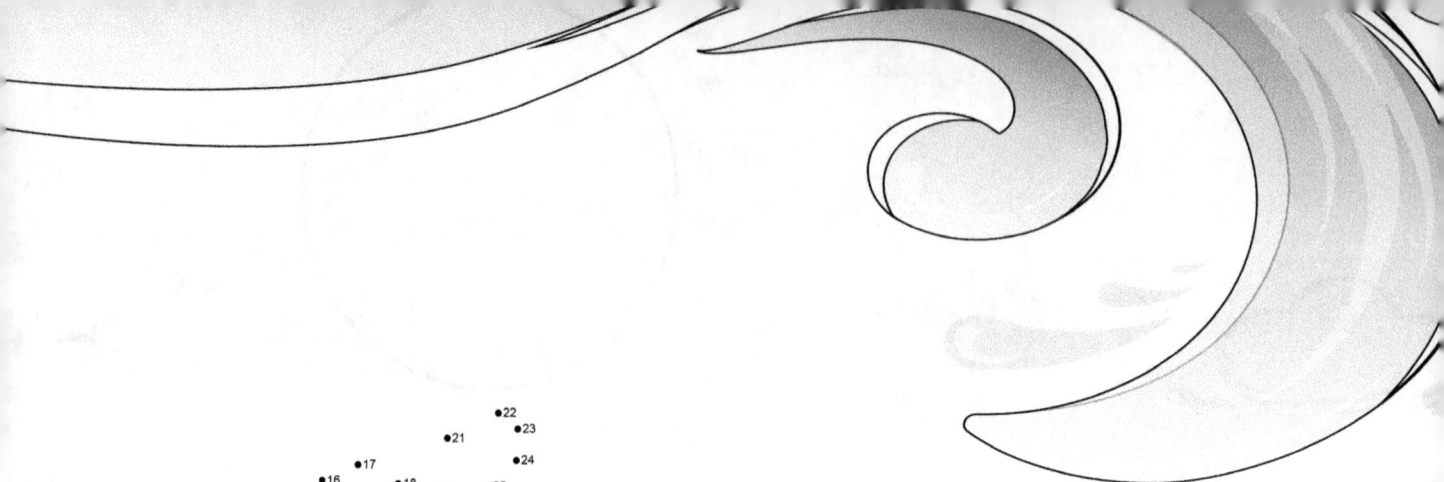

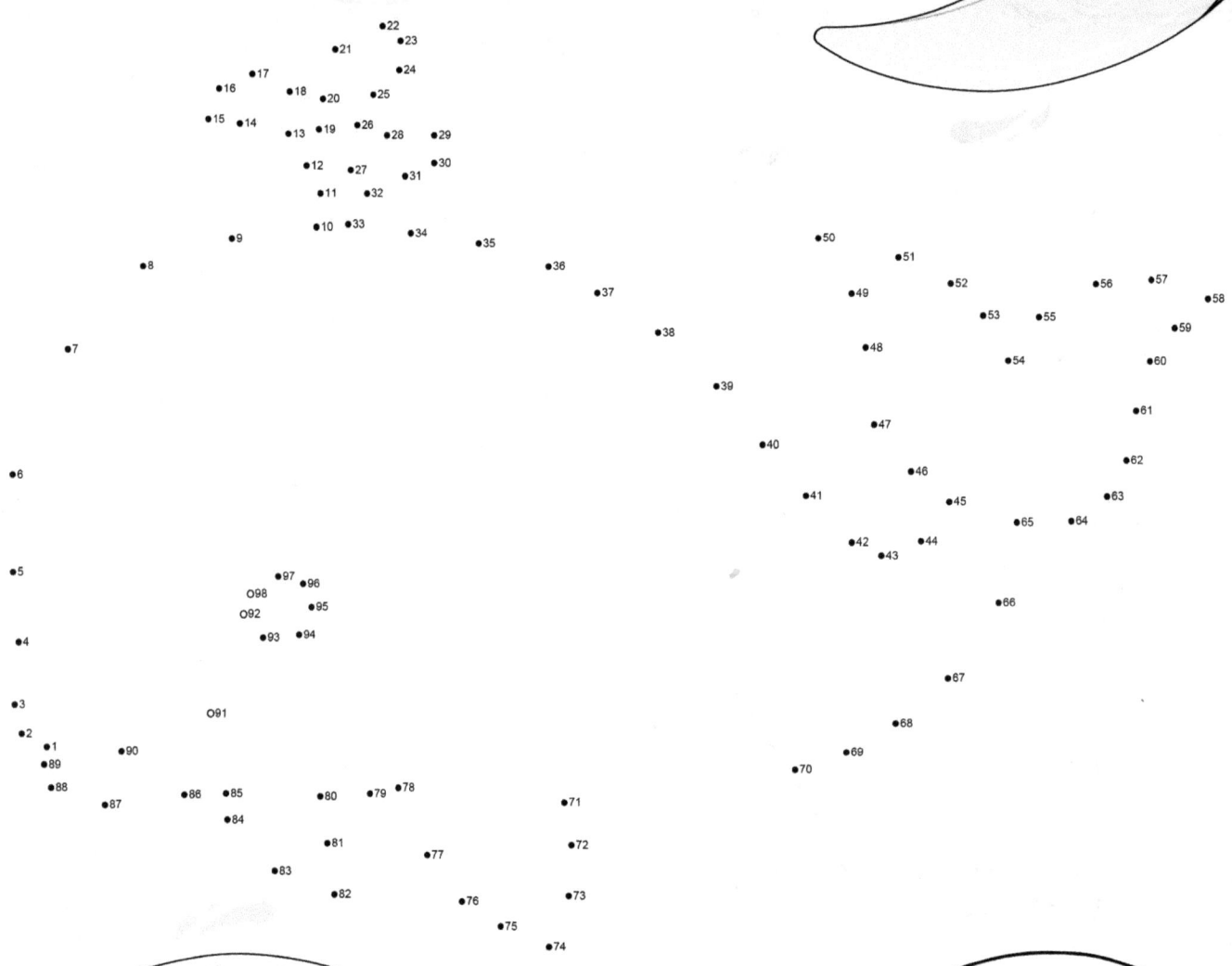

Jonah And The Whale

CALM
CREATOR
EMBRACE
FISH
FORGIVENESS
GOD
JUDGE
KEEN
KRILL
LOVE

NINEVEH
OBEDIENT
OVERCOME
PLANKTON
PRAYER
PREY
SHIP
STORM
TARSHISH
WHALE

```
J  L  L  O  P  S  H  I  P  U  U  S  N  J  E
T  G  J  O  J  R  P  T  G  O  D  T  E  K  W
O  L  B  L  V  R  E  P  R  A  Y  E  R  O  U
O  D  C  U  R  E  R  Y  J  I  V  I  S  Y  V
N  O  T  K  N  A  L  P  P  A  L  S  B  W  S
T  K  E  E  N  L  L  S  O  L  E  V  L  S  G
N  A  E  K  B  M  H  P  R  C  O  Q  E  H  I
E  N  I  N  E  V  E  H  A  G  V  N  O  S  L
I  S  E  E  R  B  M  R  E  A  E  R  M  I  T
D  M  W  R  P  R  B  G  T  V  R  L  W  H  S
E  W  B  R  O  M  D  T  I  H  C  R  C  S  I
B  W  H  T  E  U  H  G  S  C  O  S  N  R  U
O  G  S  A  J  F  R  I  A  Z  M  S  E  A  I
E  M  G  P  L  O  F  L  A  T  E  O  R  T  O
P  A  E  O  F  E  M  A  R  O  T  A  E  R  C
```

THE GREAT STORM

```
V S T C T T W T D W H Z R L I
S R R K H A P P C L I E D I H
  D Y A P V R Q F O Z N I U R
  X J G V O S W C W J O U M
    E A G I A O H N T O P N M
    M M Q N Y Y I P H D J A
    L Q D L G M C S S B G C C
    L C M O S L U H I O N U
    P V M F R E E B O Y B
  H L R E D M X Z Z C T
  O B C U Q P K S Z C O
O F D N F N V R Y K M
    F W X X E T W E A G V
    Q P K C P L A N M Q X
    O T G H D B Z R J W
  P J R R O B L O R F
    Y O Z Z S B T B T
    F X N J Q S S O B
    V K A F P V G J
  P Y S H X G E M
Y F E M E O B C L
V H A X L A K M
U K A K I A Z A
    O L B K H D F U
    X Q M T L H O
  A P H W Z Y D
  A K I M J R
  Z R S H A
U N F V O S
M R N B F
N E F R B
P I E J
C V O K
W O L A
R C C
A A
O L
M K
C
```

WORD LIST

CALM	OVERBOARD	SEA	TARSHISH
HIDE	RAGING	SHIP	
JONAH	RUN	STORM	

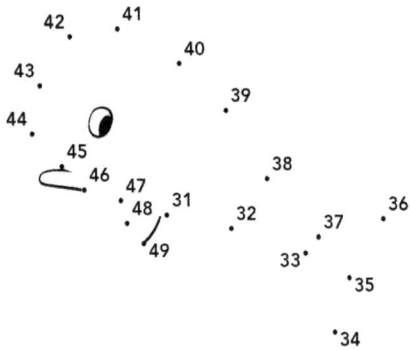

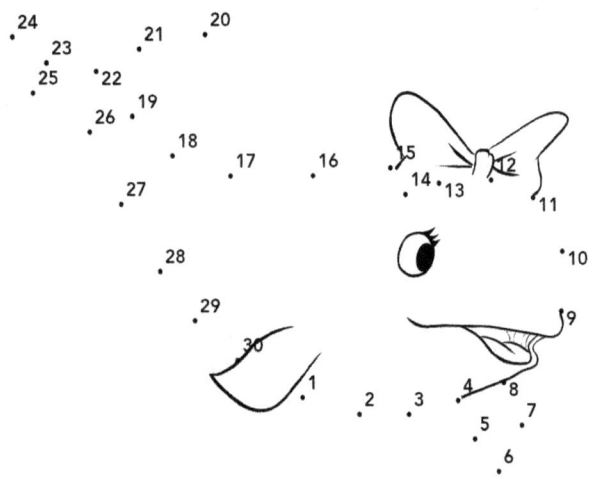

CRISS CROSS PUZZLE

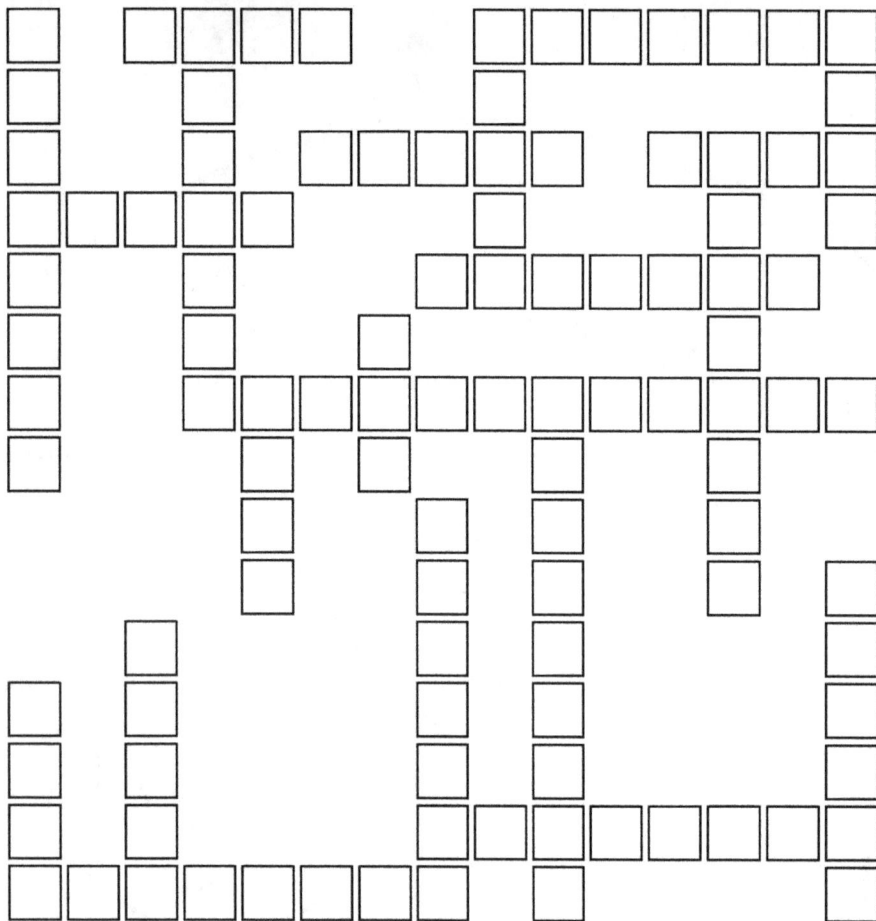

3 letters
God

4 letters
Calm
Keen
Love
Prey
Ship

5 letters
Jonah
Judge
Storm
Whale

6 letters
Prayer

7 letters
Creator
Embrace
Seaweed
Worship

8 letters
Obedient
Overcome
Predator
Tarshish

9 letters
Comforted

12 letters
Echolocation

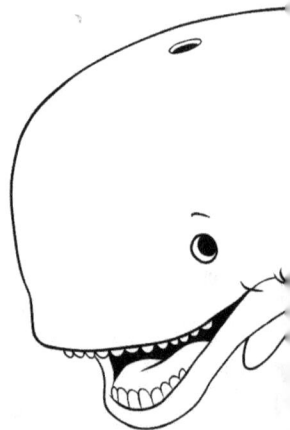

Thinking about the Story

1. Why did the Lord want Jonah to "cry out" against Nineveh? Jonah 1:2

_____

2. What is the message or lesson of this story? Jonah 2:9

_____

3. What made the whale spew(vomit) Jonah out? Jonah 2:10

_____

4. Why do you think the author wrote this story?

_____

5. What other story does this story remind you of?

_____

6. How are you like the whale? How are you different than the whale? How are
   you like Jonah? How are you different than Jonah?

_____

7. What lessons did you learn in the story that can help you in your real life? Explain.

_____

8. What would you like to ask the author or one of the characters?

_____

9. What do you want to remember after reading this story?

_____

10. What would you like to know more about?

_____

11. What does the author want you to understand after you have finished reading the story?

_____

UNSCRAMBLE

LOOK CAREFULLY AT THE SCRAMBLED WORDS IN THE BOX BELOW.
TRY UNSCRAMBLING THEM!

BECKONING INANIMATE KEEN CREATOR ECHOLOCATION PREY EMBRACE

HESITATION AGONIZING JONAH PREDATOR OMNIPRESENT

---

1. RCROETA   _ _ _ _ _ _ _

2. PYER   _ _ _ _

3. COEIOANLOTHC   _ _ _ _ _ _ _ _ _ _ _

4. IIGNANGOZ   _ _ _ _ _ _ _ _

5. OSETTIHIAN   _ _ _ _ _ _ _ _ _

6. EDRTOPAR   _ _ _ _ _ _ _ _

7. CBRMEAE   _ _ _ _ _ _ _

8. CENBKOIGN   _ _ _ _ _ _ _ _ _

9. TENPNSMOREI   _ _ _ _ _ _ _ _ _ _ _

10. NEKE   _ _ _ _

11. METIAANIN   _ _ _ _ _ _ _ _ _

12. OAHNJ   _ _ _ _ _

CRACK THE CODE

USE THE CODE TO FIND OUT WHAT GOD TOLD THE WHALE TO DO

A-1 B-2 C-3 D-4 E-5 F-6 G-7 H-8 I-9 J-10 K-11 L-12 M-13 N-14 O-15 P-16 Q-17 R-18 S-19

T-20 U-21 V-22 W-23 X-24 Y-25 Z-26   1-A 2-B 3-C 4-D 5-E 6-F 7-G 8-H 9-I 0-J

__ __ __ __ __ __ __ __ __ __
1 14 4 20 8 5 12 15 18 4

__ __ __ __ __ __ __ __ __
19 16 1 11 5 21 14 20 15

__ __ __ __ __ __ __ __ __ __ __ __
20 8 5 6 9 19 8 1 14 4 9 20

__ __ __ __ __ __ __ __ __ __
22 15 13 9 20 5 4 15 21 20

__ __ __ __ __ __ __ __ __ __ __ __
10 15 14 1 8 21 16 15 14 20 8 5

__ __ __ __ __ __ __
4 18 25 12 1 14 4

__ __ __ __ __ __ __
10 15 14 1 8 B AJ

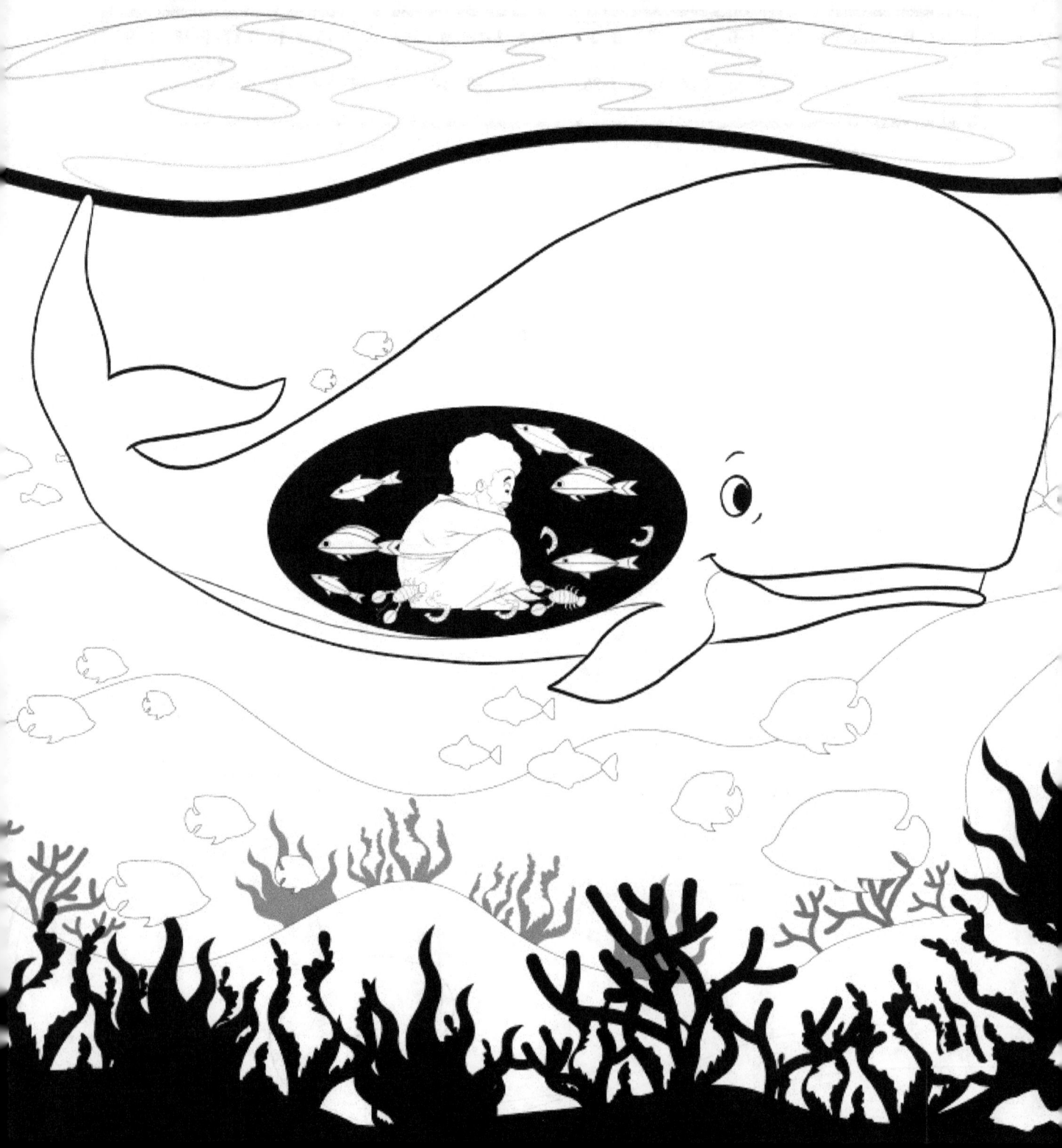

WHO AM I?

Who rose to flee from the presence of the Lord?

_____ Jonah 1:3

Who came to Jonah and asked him to wake up and call on his God so that they wouldn't perish?

_____ Jonah 1:6

Who spoke to the whale and had him spit Jonah out onto dry land?

_____ Jonah 2:10

Who believed God and proclaimed a fast and put on sackcloth and ashes?

_____ Jonah 3:5

Jonah sat on this side of the city, under the shadow, till he might see what became of the city.

_____ Jonah 4:5

God prepared me to smite the gourd so that it withered.

_____ Jonah 4:7

How many days did Nineveh have before it would be destroyed?

_____ Jonah 3:4

What did Jonah ask God to do to him?

_____ Jonah 4:3

DRAW A PICTURE THAT SHOWS WHAT GOD CREATED ON THE 5TH DAY.

FINISH THE VERSE

1. _____, go to _____, that _____ city, and cry _____ it; for their _____ is come up before me. JONAH 1:2

2. And said, I cried by _____ of mine _____ unto the _____, and he heard me; out of the _____ of _____ cried I, and thou _____ my voice. JONAH 2:2

3. And they said _____ to his _____, Come, and let us _____ _____, that we may know for whose _____this _____ upon us.

So, they cast lots, and the _____ _____ _____ Jonah. JONAH 1:7

4. But I will _____ unto thee with the _____ of _____; I will _____ that that I have _____. Salvation is of the _____. JONAH 2:9

5. So the _____ of _____ believed _____, and proclaimed a _____, and put

  on _____, from the _____ of them _____ to the_____ of them.
JONAH 3:5

7. And the _____ _____ unto the _____, and it vomited out _____ upon the _____ land.   JONAH 2:10

8. The _____ of the _____ is a _____ tower: the _____ runneth into it and is _____.   Proverbs 18:10

SECRET CODE

USE THE CODE TO FIND OUT WHAT GOD TOLD JONAH

Ʊ=A Ɫ=B ₪=C €=D ʒ=E ₣=F Ƀ=G ←=H ↑=I →=J ↓=K ↔=L ↕=M ∂=N ∆=O
∏=P ∑=Q #=R &=S ▲=T ☺=U ►=V ▼=W ☼=X ȹ=Y Ł=Z

__A__ __R__ __I__ __S__ __E__   __G__ __O__ __T__ __O__   __N__ __I__ __N__ __E__ __V__ __E__ __H__

__T__ __H__ __A__ __T__   __G__ __R__ __E__ __A__ __T__   __C__ __I__ __T__ __Y__   __A__ __N__ __D__

__C__ __R__ __Y__   __A__ __G__ __A__ __I__ __N__ __S__ __T__   __I__ __T__   __F__ __O__ __R__

__T__ __H__ __E__ __I__ __R__   __W__ __I__ __C__ __K__ __E__ __D__ __N__ __E__ __S__ __S__   __I__ __S__

__C__ __O__ __M__ __E__   __U__ __P__   __B__ __E__ __F__ __O__ __R__ __E__ __M__ __E__ .

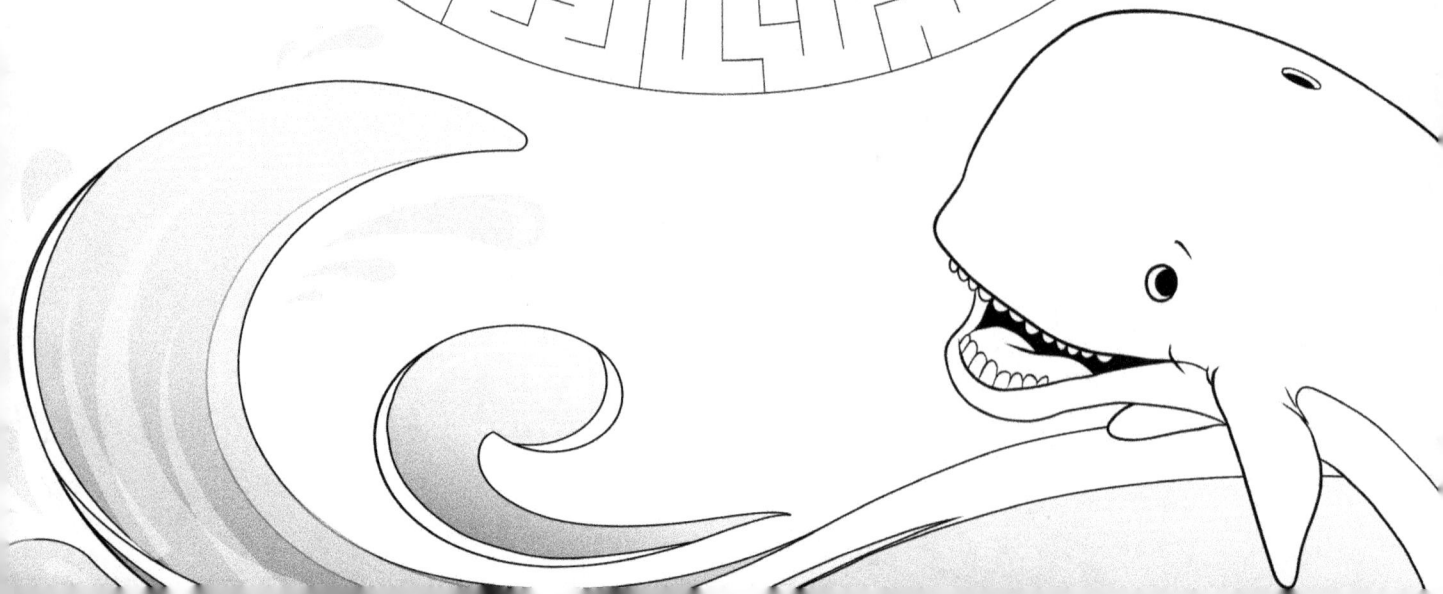

ADD IT UP!

USE THE CODE BELOW TO SOLVE THE PUZZLE

Add the math problems. Use the answers to find the words that tell you what happened when Jonah was thrown into the sea.

A-1 B-2 C-3 D-4 E-5 F-6 G-7 H-8 I-9 J-10 K-11 L-12 M-13 N-14 O-15 P-16 Q-17 R-18 S-19

T-20 U-21 V-22 W-23 X-24 Y-25 Z-26   1-A 2-B 3-C 4-D 5-E 6-F 7-G 8-H 9-I 0-J

Ex: 5+5 4+1 10+9 10+11 8+11

10   5   19   21   19

J E S U S

11+8 12+3   10+10 5+3 3+2 12+13   6+14 10+5 9+6 4+7   19+2 0+16   8+2 12+3 7+7 0+1 4+4

___ ___   ___ ___ ___ ___   ___ ___ ___ ___   ___ ___   ___ ___ ___ ___ ___

_____ _____   _____   _____   _____

1+0 7+7 3+1   2+1 0+1 7+12 14+6   6+2 5+4 10+3   4+2 10+5 9+9 17+3 7+1

___ ___ ___   ___ ___ ___ ___   ___ ___ ___   ___ ___ ___ ___ ___

_____   _____ _____   _____   _____

2+7 9+5 13+7 11+4   5+15 7+1 4+1   7+12 0+5 1+0   1+0 7+7 2+2   11+9 6+2 1+4

___ ___ ___ ___   ___ ___ ___   ___ ___ ___   ___ ___ ___   ___ ___ ___

_____   _____   _____   _____   _____

15+4 0+5 1+0   2+1 4+1 0+1 18+1 1+4 3+1   4+2 14+4 11+4 8+5   5+3 2+3 10+8

___ ___ ___   ___ ___ ___ ___ ___ ___   ___ ___ ___ ___   ___ ___ ___

_____   _____   _____   _____

13+5 0+1 5+2 2+7 10+4 4+3   6+4 9+6 7+7 0+1 5+3   A   AE

___ ___ ___ ___ ___ ___   ___ ___ ___ ___ ___   ___   ___ ___

_____   _____

WORD BUILDING

How many words can you make by using the letters from the phrase below:

You Can't Hide From God!

WORD WHEEL

FIND THE WORD IN EACH WORD WHEEL,
USING ALL THE LETTERS PROVIDED.

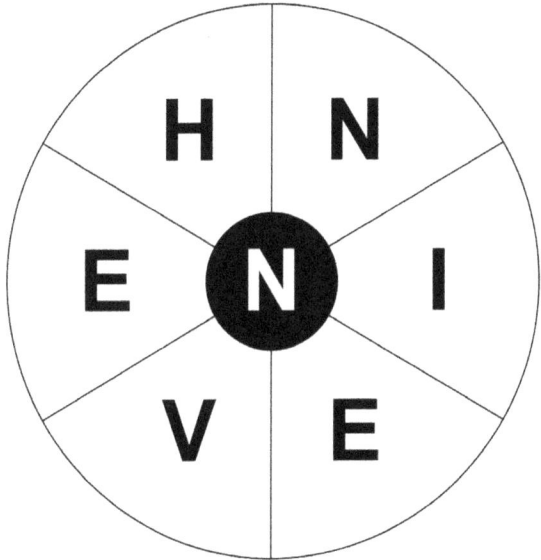

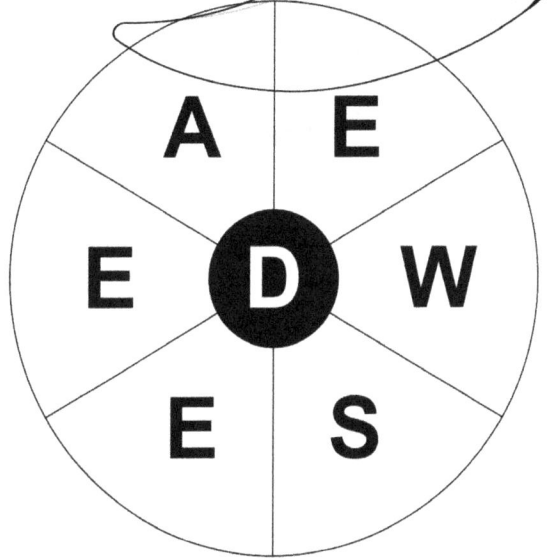

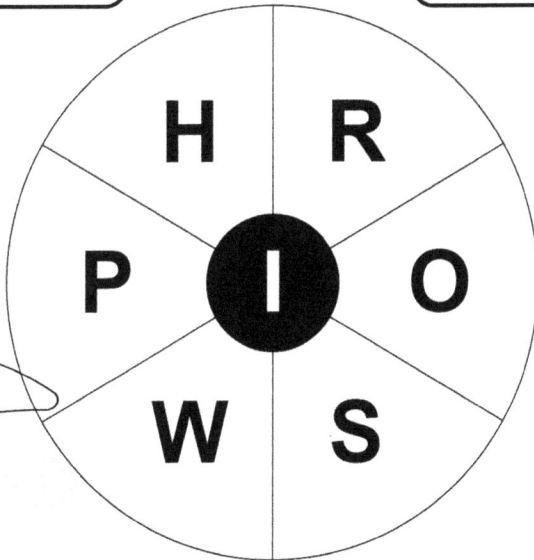

Wheel 1 letters: H, N, E, I, V, E with center N

Wheel 2 letters: A, E, E, W, E, S with center D

Wheel 3 letters: H, R, P, O, W, S with center I

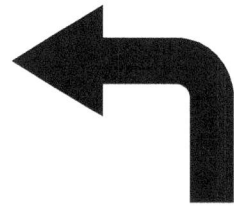

CAN YOU FIND 7 DIFFERENT THINGS BETWEEN THESE 2 IMAGES?

1. _____

2. _____

3. _____

4. _____

5. _____

6. _____

7. _____

TIC TAC TOE